BEI GRIN MACHT SICH IHR WISSEN BEZAHLT

- Wir veröffentlichen Ihre Hausarbeit,
  Bachelor- und Masterarbeit

- Ihr eigenes eBook und Buch -
  weltweit in allen wichtigen Shops

- Verdienen Sie an jedem Verkauf

Jetzt bei www.GRIN.com hochladen
und kostenlos publizieren

Bibliografische Information der Deutschen Nationalbibliothek:

Die Deutsche Bibliothek verzeichnet diese Publikation in der Deutschen National-
bibliografie; detaillierte bibliografische Daten sind im Internet über http://dnb.d-
nb.de/ abrufbar.

Impressum:

Copyright © 2010 GRIN Verlag
Druck und Bindung: Books on Demand GmbH, Norderstedt Germany
ISBN: 9783640947317

Dieses Buch bei GRIN:

https://www.grin.com/document/174039

K. Fuchs

Analyse: Die Reichen und das Reich der Himmel

GRIN Verlag

GRIN - Your knowledge has value

Der GRIN Verlag publiziert seit 1998 wissenschaftliche Arbeiten von Studenten, Hochschullehrern und anderen Akademikern als eBook und gedrucktes Buch. Die Verlagswebsite www.grin.com ist die ideale Plattform zur Veröffentlichung von Hausarbeiten, Abschlussarbeiten, wissenschaftlichen Aufsätzen, Dissertationen und Fachbüchern.

Besuchen Sie uns im Internet:

http://www.grin.com/

http://www.facebook.com/grincom

http://www.twitter.com/grin_com

Fachoberschule Wirtschaft

Klasse 2-2

Fach: Religion

Analyse:

„Die Reichen und das Reich der Himmel"

Der Bibeltext aus Markus 10, 7 – 31 behandelt ein Ereignis während Jesus'
Weg nach Jerusalem. Er besitzt viele Sprechanteile in der Erzählung, sodass
der Text ab Zeile 29 eher einer Rede entspricht. Der Stil ist standartsprachlich
gehalten, wobei vor allem die Sätze von Jesus' ausgewählt und bedacht
klingen. Handelnde Personen sind ein wohlhabender Mann, der Jesus um Rat
bittet, sowie die Jünger, Jesus stellt hierbei die Hauptperson dar. Die
Gedanken der Personen werden durch ihre Aussagen verdeutlicht, sodass
der Leser nur gleich viel wie die Akteure weiß. Die Handlung an sich erfolgt
relativ rasch, weshalb die Erzählung wie oben bereits genannt eher der Rede
zuzuordnen ist. Oberflächlich betrachtet handelt die Erzählung vom Reichen,
der betrübt darüber ist, dass er sein Vermögen aufgeben muss, um in das
Reich Gottes zu gelangen. Der wesentliche Kern des Textes wird in Folgendem
näher erläutert.

Der Text gibt sowohl historische Einsichten, als auch Sichtweisen auf das
heutige Leben der Menschen. Jesus selbst macht deutlich, dass nur Gott gut
ist, er selbst möchte nicht als göttlich oder unfehlbar angesehen werden, was
in seiner Aussage *„Warum nennst du mich gut? Niemand ist gut außer Gott,
dem Einen"* (Z. 18 f) ersichtlich ist. Er zählt die Gebote auf, um dem Reichen
auf seine Frage, wie er das ewige Leben gewinnen könne, eine Antwort zu
geben. Der reiche Mann hat alle diese Gebote befolgt, doch er war betrübt
als er hörte, dass er sein ganzes Vermögen den Armen geben solle, damit er
Jesus folgen könne und somit einen Platz im Reich Gottes habe.

Auch der Millionär Karl Rebeder hatte diese Erkenntnis, nur im Gegensatz zum Reichen in der Geschichte will er diese Aufgabe auch erfüllen, denn er will sich frei machen von all seinem Vermögen, welches ihm mehr und mehr wie eine Pflicht erscheint. Er selbst sagt *„Ich arbeitete wie ein Sklave für Dinge, die ich gar nicht brauchte oder wollte".* Sein Leben soll sich nicht nur um seine Wünsche und Bedürfnisse drehen, er will anderen helfen, um seinem Leben einen neuen Sinn zu geben. Er ist nicht mehr in der „Besitzspirale" gefangen, in der es nur darum geht, sich immer mehr in materielle Dinge zu flüchten, um Glück oder Freiheit zu spüren.

Im Text hingegen zeigt Jesus dem Reichen diesen Weg auf, dieser erkennt diese Art der Freiheit, die er gewinnen kann jedoch nicht und ist traurig, dass er seinen Besitz aufgeben soll. Er hängt zu sehr an den materiellen Dingen. Zunächst scheint es laut Jesus für die Reichen unmöglich zu sein, in das Reich Gottes zu gelangen, weshalb sich die Jünger erschrecken. Doch Jesus entgegnet, dass es zwar für die Menschen unmöglich sei, jedoch nicht für Gott, da für diesen alles möglich sei. Dies bedeutet, wenn die Menschen zu Gott finden, sie folglich auch den Weg in sein Reich finden, da sie dann die Art der Freiheit, wie Jesus sie predigt, erkennen und auch nicht betrübt über ihren Verlust sind.

Auch Petrus betont, er und die anderen Jünger hätten alles verlassen, um Jesus folgen zu können. Daraufhin folgt eine Rede Jesus', indem ein wichtiger Satz genannt wird: *„Viele aber, die jetzt die Ersten sind, werden dann die Letzten sein, und die Letzten werden die Ersten sein"* (Z. 31 f). Dieser Satz kann auch auf den Millionär bezogen werden. Er war einer der ersten, der besten, der wohlhabendsten, doch er gibt alles auf, und wird nun einer der „Letzten", freiwillig, denn er hat die Erkenntnis, das ihn dies letztendlich zu einem wohlhabenderen Menschen macht. Es ist der Wunsch nach einem neuen, erfüllenderem Sinn im Leben, der ihn leitet. Am Ende seines Lebens kann er sagen „Ich habe etwas wirklich Sinnvolles erreicht!", denn er hat den Armen geholfen und ihnen ein sorgenfreieres Leben ermöglicht. Zwar spricht Rabeder im Zusammenhang mit seinem Lebenswandel nicht direkt von Gott, jedoch erwähnt er ein „magisches Angezogensein" und einer „Stimme im Herzen". Da wie bereits genannt für Gott nichts unmöglich ist, so ist es nicht undenkbar, dass seine „Worte" in Rabeders Herzen dazu führten, diese Erkenntnis zu gewinnen.

Der Millionär ist im Gegensatz zum Reichen in der Erzählung bereits einen Schritt weiter, denn er hat erkannt, dass Geld für ihn kontraproduktiv ist. Trotz alledem war auch sein Weg lang, denn er hat 25 Jahre gebraucht, sich dies zu vergegenwärtigen. Dennoch hatte er bereits in seinem früheren Leben ähnliche Erfahrungen, was in seiner Äußerung „Ich hab's ja als Kind schon begriffen, dass es mir am meisten Spaß gemacht hat, wenn andere mit meinem Lieblingsspielzeug spielten." deutlich wird.

Somit finden sich viele Parallelen der Erzählung im Bezug auf die Entscheidung Rabeders, sein Leben zu ändern und seinen Reichtum aufzugeben, um letztendlich glücklich und frei leben zu können. Arm zu sein bedeutet jedoch nicht zwingend, auch ein guter Mensch zu sein, und umgekehrt bedeutet Reichtum nicht automatisch, schlecht zu sein. Wichtig für uns ist es, zu erkennen, dass Geld nichts Schlechtes ist, solange es nicht im Mittelpunkt unseres Denkens und Handelns steht, denn wie Rabeder kann man mit Geld auch Gutes tun.

Wichtig ist, wie wir in unserem Herzen fühlen.